AF243124

Je suis dénoncé, dénoncé publiquement, je rends ma justification publique, c'est le seul moyen avec lequel je répondrai aux reproches qu'on pourra me faire.

DUPRAT.

Castres, Département du Tarn, le premier jour des Sans-culottides, l'an second de la République Française, une & indivisible.

Adresse de la Société Populaire de Castres contre Duprat.	*Réponses de Duprat à ladite Adresse.*

Une grande lutte s'était élevée dans le sein de notre Société, & elle vient d'être heureusement terminée à l'avantage de la chose publique.

La lutte était grande en effet, considérée sous le rapport des passions particulières qui lui ont donné naissance, elle était petite sous le rapport de la chose publique qu'elle n'intéressait nullement ; ce n'est pas au reste à moi à juger si cette chose publique gagnera ou perdra par la maniere dont cette lutte individuelle a été terminée par la Société, le temps l'apprendra & c'est à lui que je m'en réfere.

Un Dominateur vient d'être terrassé après la plus mûre discussion,

Rien n'est plus facile que de donner une épithète, rien ne l'est moins que de la justifier ; qu'on cite mes *quoique pour en arrêter les effets le machiavélifme le plus confommé eût épuifé toutes les métamorphofes & les tortuofités qui le diftinguent.*

actes de domination ; car je déclare que je ne m'attacherai pas à combattre & à réfuter les mots mais les chofes ; quant au machiavélifme à qui l'on fait jouer ici un fi grand rôle, j'avoue que je fuis auffi neuf fur ce fyftême *tortueux*, que la grande majorité de la Société qui, avant ce jour, avait le bonheur d'ignorer jufqu'à la fignification de ce terme ; mais je fais bien que loin d'entraver la difcuffion, je l'ai fortement provoquée, & que j'ai conftamment appuyé toutes les demandes pour la prolonger afin que la Société fût parfaitement éclairée.

Un Étranger, un Suiffe.

Oui, & je dis avec orgueil que, n'ayant pas le bonheur d'être né Français, & Français libre, je me glorifie d'avoir vu le jour dans la terre qui a produit les Guillaume Tell, & que dans l'Europe entiere il n'eft que la France Républicaine pour laquelle il me foit doux de confentir à vivre loin de ma Patrie originelle.

Ex-Miniftre Proteftant.

Oui, & qui garde avec foin les difcours qu'il a prononcés comme monumens de fa haine raifonnée pour la Royauté & la Tyrannie, pour la fuperftition & le fanatifme, & de fon amour pour les grands principes d'égalité, de liberté, de philantropie & de morale qu'il a ouvertement profeffés.

(3)

Oui, jufques au commencement de 1789, j'étais depuis deux ans Précepteur de trois jeunes Eleves dans une maifon ci-devant Noble & riche, connue par fa fimplicité, fa popularité & fa bienfaifance ; je la quittai à cette époque, j'ai depuis donné quelques foins à l'éducation de mes anciens Eleves, ils font là pour répondre fur les principes que je leur ai infpiré. Oui, j'ai époufé la fille qui, à l'âge de dix-huit ans, a preféré un Miniftre fans fortune à des partis riches de ci-devant nobles.

Oui, fi les Certificats de Civifme, les Diplômes & autres atteftations de Patriotifme depuis 1789 font des titres de nouveauté en principes ré-volutionnaires.

Je ne fais pas fi j'ai furpris les fuffrages, mais voici ce que je fis pour les furprendre ; à l'époque précifément de la nomination arriva le Décret qui excluait les Etrangers de la Repréfentation Nationale, je fis ufage de mes prétendus talens oratoires pour dire que cette Loi ferait vraifemblablement étendue à toutes les places quelconques, qu'ainfi il fallait jetter les yeux fur quelqu'au-tre ; que d'ailleurs ma qualité de ci-devant Miniftre devait être une rai-fon pour ne pas me choifir, attendu que tout ce qui, fans être Prêtre, en approchait, devait en général exciter la défiance du peuple; on m'objecta, & c'eſt Ducru qui fit cette objection, que je n'étais plus Suiſſe, que j'étais devenu Français, & que dans tous les cas s'il venait une Loi pour m'exclure, la Société ferait à temps de procéder à mon remplacement, & l'ordre du jour ſur ma réclamation fut adopté.

Il était le Régulateur de ce Comité.

Je ſuis encore au Comité, ce que j'y ai toujours été, ce n'eſt pas à moi à me juſtifier & à juſtifier mes Collègues du reproche de les avoir régulariſé; je me contente de les inviter à s'expliquer à la fin de ma juſtification.

Son Deſpotiſme s'étendait juſques ſur notre Société, dont il comprimait l'énergie & influençait les Délibérations.

Je l'ai déja dit, je ne réponds pas aux mots mais aux choſes; je demande quel acte d'énergie j'ai arrêté de la part de la Société; quelles propoſitions énergiques j'ai, je ne dis pas comprimées, mais quelles je n'ai pas appuyées ou provoquées? J'influençais les Délibérations, c'eſt-à-dire, que j'émettais mon opinion, que je combattais ou que je défendais celles des Sociétaires ſelon que je jugeais devoir les combattre ou les défendre, que mes raiſons perſuadaient ou ne perſuadaient pas; je défie, je ne dis pas qu'on me prête, mais qu'on me prouve que j'ai exercé une autre eſpèce d'influence dans la Société.

Depuis long-temps

Ce n'eſt pas à moi à juſtifier l'opi-

nous preſſentions que les égoïſtes & les ſpéculateurs ſur la misère publique fondaient principalement leur eſpoir ſur lui, & que des patriotes prononcés étaient déja marqués ; nous ne nous étions pas trompés, l'arêne s'ouvrit le 23 de ce mois, le 24 le patriotiſme fut plus ſérieuſement aux priſes avec ſon ennemi le plus déclaré, & ce fut après cette diſcuſſion, qui n'était pas à beaucoup près à l'avantage de Duprat, que ce citoyen fit faire par le Comité de ſurveillance révolutionnaire l'adreſſe dont copie eſt ci-jointe ; cette adreſſe dont Duprat était le moteur, l'auteur & le rédacteur, ne fut remiſe à l'impreſſion que le 25 à huit heures du matin ; elle n'eſt que la répétition des reproches qui lui furent faits, il s'y eſt peint d'après nature, & il nous aurait été impoſſible de faire de lui un portrait plus fidèle que celui qu'il a eu l'intention

nion des 63 ſociétaires qui ont voté pour ma conſervation ; mais c'eſt à moi à dire, que ſi j'en euſſe connu parmi eux qui méritaſſent le reproche d'égoïſte & de ſpéculateur ſur la misère publique, je les aurais dès long-temps démaſqués, que je me ſerais oppoſé à leur admiſſion dans la Société populaire, ou que j'aurais demandé leur excluſion dans les trois épurations qui viennent d'y être faites ; au reſte, leurs noms ſont connus, & le temps apprendra encore ſi je méritais leur ſuffrage, & s'ils méritent eux-mêmes le reproche qu'on leur fait.

Quant à la diſcuſſion qu'on prétend ne m'avoir pas été favorable, il n'y a qu'à conſulter le procès-verbal du 24 : Il eſt vrai qu'on a nommé une Commiſſion pour le modifier, je ne ſais ce que cela prouve, mais je ſais bien que mes juges ſauront ce que cela annonce ; du reſte, quoi qu'on y ajoute, je m'engage à le réfuter avec la même clarté & la même force que la préſente adreſſe.

Quant à l'adreſſe du Comité elle était délibérée, faite & adoptée depuis le 24, avant la ſéance de la Société ; je ne dirai rien ſur ſon prétendu moteur, auteur & rédacteur qui s'y eſt dépeint au naturel ; je me contente encore d'invoquer le témoi-

d'appliquer à un grand nombre de patriotes anciens, prononcés, reconnus, & désintéressés de cette Commune.

Cet homme avide de domination a été principalement trahi par son ambition à deux époques marquantes ; dans l'une il refusa d'être secrétaire de la Société, parce qu'il ne voulait être que président ; dans l'autre il dédaigna la place d'Administrateur de District, pour laquelle la Société l'avait désigné, parce que, disait-il, cette place était trop matérielle, & néanmoins il accepta celle de membre du comité de surveillance, prouvant ainsi, qu'il aimait mieux servir ses passions que la chose publique.

gnage de mes collègues ; je ne peux & ne dois pourtant m'empêcher d'observer que le Comité n'a jamais vu, & qu'il ne verra jamais d'applications individuelles & personnelles, qu'il proclame les grands principes qu'il croit utiles, & quand il voit que ces principes ont naturellement trouvé leur application, il se confirme dans la persuasion qu'il a sagement fait de les proclamer.

J'ai refusé une fois, il est vrai, d'être secrétaire de la Société, par la raison naturelle & légitime que j'avançai, c'est que n'étant pas alors domicilié en ville, j'étais forcé à des absences incompatibles avec les fonctions de cette place ; j'aurais à plus forte raison & par le même motif refusé celle de président : depuis mon séjour en ville j'ai rempli souvent l'une & l'autre avec le même zèle & la même exactitude.

Je n'ai jamais dédaigné aucune place ; j'ai refusé, il est vrai, d'être désigné pour Administrateur du District, parce que cette place me paraissait peu analogue avec le genre de mes connaissances & de mes moyens, je peux m'être trompé, je peux même avoir eu tort, la Société ne m'en fit pas un crime, puisque deux jours après elle me désigne encore, malgré mes réclamations, comme je l'ai dit, pour le Comité

Mais pouvait-il déspotiser long-temps Duprat qui voulait se faire déclarer l'homme nécessaire. Prévenu qu'il devait être dénoncé par la Société de Bergerac, il annonce à la Société qu'il veut entreprendre un voyage ; mais ajouta-t-il au premier fruit de mon départ, l'aristocratie ne sourira-t-elle pas, le modérantisme ne s'en applaudira-t-il pas, l'intrigue n'y voudra-t-elle pas se remuer encore ; à ces mots, un flatteur s'élève, & après l'avoir appellé l'homme nécessaire, il l'invite au nom de la Société, dont il se rend l'organe, de renoncer à son projet.

de surveillance, dans lequel je défie qu'on me reproche avec fondement d'avoir porté d'autre p assion que celle du bien public, j'en a pp elle encore à mes collègues & à n os regiſtres.

Il eſt vrai que j'eus l'idée de faire un voyage en Suiſſe, mais c'était ſi peu par la crainte d'une dénonce de Bergerac, que j'avais moi-même anticipé ſur ſon arrivée en la faiſant connaître à la Société, laquelle après m'avoir entendu paſſa à l'ordre du jour, motivé « ſur ce que la lettre » de Bergerac ne portait atteinte » ni à mon patriotiſme ni à ma pro- » bité, qui étaient l'un & l'autre » atteſtés de la manière la plus » éclatante par les Sociétés popu- » laires de Bergerac & de Mon- » tauban, ainſi que par les Autorités » conſtituées de ces deux villes ; » atteſtations qui étaient pleinement » juſtifiées par ma conduite à » Caſtres ; ordre du jour ainſi mo- » tivé » (je cite mot à mot le procès-verbal,) qui fut une fois encore adopté, lorſque la lettre de Bergerac fut apportée, comme dénonce contre moi, par les Commiſſaires de la Société populaire de Sorèze qui l'avait provoquée ; mais il eſt vrai de dire que je renonçai à mon projet, parce qu'une foule de bons Citoyens m'en détournerent par des raiſons que la délicateſſe m'empêche d'énon-

Représentans du Peuple, le masque est tombé le 25, nous vous adressons copie du procès-verbal de notre dernière séance relative au citoyen Duprat que nous n'avons pas jugé digne de siéger parmi nous ; nous pensons qu'il ne mérite pas plus, & qu'il serait même dangereux pour la chose publique qu'il conservât ses fonctions de membre du Comité de surveillance-révolutionnaire de cette Commune.

Nous saisissons cette occasion pour renouveller notre serment, de ne

cer, mais que ces mêmes Citoyens diraient eux - mêmes s'ils étaient interpellés ; ce ne fut donc pas à la voix d'un flatteur que je me rendis, car j'abhorre autant la flatterie dont je suis l'objet, que je suis incapable d'en user envers autrui ; & l'on sait, malheureusement trop pour moi, que je n'ai jamais flatté personne ; supposé même que la crainte d'une dénonce m'eût fait entreprendre un voyage, elle n'était donc pas bien forte cette crainte, puisqu'elle céda avec tant de complaisance à la voix d'un adulateur.

Il est vrai, 77 sociétaires m'ont, je ne dis pas jugé indigne de siéger parmi eux, mais ont voté pour mon exclusion de la Société ; tandis que 63 ont cru qu'ils pouvaient me regarder comme leur frère en patriotisme. Représentans, veuillez lire, & les procès-verbaux, notamment celui d'après lequel fut proposée ma réjection, & les raisons simples, vraies & sans art que j'oppose à l'adresse dénonciative, & vous déciderez ensuite dans votre justice, si dans cette circonstance, les voix ne doivent être pesées, plutôt que comptées, & si, dans cette hypothèse, 63 ne l'emportent pas sur 77.

Je saisis cette occasion pour vous faire le serment, de préférer mille fois l'exclusion d'une Société popu-

fouffrir parmi nous aucun ambitieux ni domina- teur, & de rejetter tous ceux qui nous paraîtraient vouloir mettre leur in- térêt perfonnel à la place du bonheur général.
Signé, COUCHET, *préfident.*

Azais-Oulés,
Ricard ,   } *fecrétaires.*
Fontés ,

laire, à fléchir devant autre chofe que les grands principes qui doivent la diriger, & de regarder comme une gloire toute réjection qui n'eft pas fondée fur ces grands principes.

DUPRAT.

Extrait des Regiftres du Comité révolutionnaire de Caftres ,

Séance du premier jour des Sanculotides.

Préfidence D'ALBERT, fils.

SUR la demande de Duprat, pour que le Comité s'ex- plique fur le reproche à lui fait d'en avoir été le régulateur ; ainfi que le moteur, l'auteur & le rédacteur de l'adreffe du vingt-quatre, il a été délibéré que le Comité infcrirait à la fin de la juftification de Duprat, la déclaration ci-après :

Nous, membres du Comité de furveillance-révolutionnaire de la Commune de Caftres, rejettons comme calomnieufe pour nous & pour notre collègue Duprat, l'inculpation d'avoir eu ce collègue pour régulateur ; déclarons que nous n'en eûmes & que nous n'en aurons jamais d'autres que les principes, les lois, les actions, nos lumières & notre confcience ; déclarons en outre que notre adreffe du vingt-quatre, attribuée uniquement à Duprat, n'eft nullement fon ouvrage perfonnel, qu'elle eft celui de nous tous qui l'avons provoquée, votée & adoptée unanimement, par la perfuafion feule du bien qu'elle devoit produire ; déclarons en outre que n'ayant pu être imprimée

B

le vingt-quatre au soir, Duprat dans la séance du vingt-cinq au matin demanda le rapport de cette adresse, à raison de la discussion qui avait eu lieu le soir à la Société populaire à son égard ; mais que, malgré que les raisons qu'il donna pour le rapport fussent goûtées, elles ne prévalurent point sur les vues générales d'intérêt public qui avoient décidé à la faire ; déclarons enfin que dans toute sa conduite parmi nous, Duprat n'a eu d'autre règle que la nôtre, l'amour seul de la révolution.

Pour copie conforme aux regiſtres.

A L B E R T fils, *Préſident.*

C O S T E cadet, *Secrétaire.*

O B S E R V A T I O N S.

Caſtres, le 4e. Vendémiaire.

Mon dénonciateur Severac ayant dit à la Société populaire de Caſtres que j'avais bien pu avoir extorqué les atteſtations de patriotiſme que je poſſédais, mes collègues crurent devoir s'aſſurer de la vérité ou de la fauſſeté du fait en écrivant au Comité révolutionnaire de Montauban, qui, comme la Société populaire & les Autorités conſtituées de cette ville, m'avait donné les témoignages les plus précieux, pour l'engager à faire prononcer la Société populaire ſur mon compte & ſur celui de Severac pendant ſon ſéjour dans cette ville ; voici la lettre que la Société populaire de Montauban écrit à celle de Caſtres, & dont elle m'envoie la copie revêtue du ſceau de ladite Société.

Copie de la lettre écrite par la Société populaire de Montauban à celle de Castres.

Du 5me· jour Sanculotide, seconde année républicaine.

FRÈRES ET AMIS,

Nous devons à l'intérêt public, à celui de la justice & de la vérité, de vous faire part des connaissances que nous avons sur le compte de deux personnes qui figurent dans votre Commune, l'un comme accusé, & l'autre comme accusateur. Le Comité de surveillance de votre Commune écrit à celui de la nôtre, afin qu'il fasse prononcer notre Société, sur la conduite morale & politique de Duprat, pendant son séjour dans notre cité, ainsi que sur la conduite de Severac, lorsqu'il y fut à l'époque où le Représentant Beaudot y étoit.

Eh bien, frères & amis, lorsque Duprat parut pour la première fois dans notre Société, il s'y prononça clairement, & c'étoit pour l'opinion des Montagnards, il s'est toujours soutenu dans les mêmes principes pendant son séjour dans cette commune, il a coopéré avec nous au bien public avec zèle, intelligence & désintéressement, & nous n'avons aucune connaissance que sa vie privée ait démenti sa vie politique. Lors de son départ nous lui donnâmes des attestations justes autant qu'honorables; ainsi le connaissant bon patriote, nous ferions bien étonnés de le savoir proscrit chez vous comme incivique, si le nom de son accusateur ne donnait le mot de l'énigme.

Severac vint dans cette Commune pour rendre ses services à *Monsieur le Comte de Brassac*, arrêté à son passage ici comme très-suspecté d'avoir des intelligences avec les rébelles de la Vendée, dont on trouva dans sa valyse le signe de ralliement.

Severac, fous les couleurs patriotiques, fe gliffa parmi les membres des Autorités conftituées, tâcha de les appitoyer, il n'y réuffit pas.

Voilà, frères & amis, de quoi diffiper tous les doutes : un homme qui ne paraît jouer le patriotifme, qu'afin de pouvoir protéger les ariftocrates, doit tout naturellement chercher à défunir les patriotes. Le défenfeur du *Comte de Braffac* peut bien fe porter accufateur de Duprat, fur-tout fi Duprat eft toujours patriote, ce qui eft probable, d'après la conduite qu'il a conftamment tenue tant qu'il a réfidé parmi nous.

Nous croyons, frères & amis, vous en avoir dit affez, & que vous verrez avec fatisfaction que nous vous fourniffons une occafion de fauver un patriote : la haute idée que nous avons de votre civifme nous garantit que vous la mettrez à profit.

Salut et Fraternité.

Pour Copie conforme,

Le Secrétaire expéditionnaire de la Société,

D A B R I N, fils.

RÉPUBLICAINS MONTALBANAIS,

Vous m'avez encore une fois rendu juftice, recevez encore une fois l'expreffion de ma fenfibilité pour cette nouvelle preuve de votre confiance ; j'ai été digne de vous tout le temps que j'ai vécu dans votre cité, je n'ai pas céffé un inftant de l'être depuis que j'en fuis éloigné : lifez les inculpations qu'on me fait, lifez mes réponfes ; pefez les unes & les autres dans la balance de l'impartialité, & fi elle ne panche pas toute en ma faveur, je confens au plus grand, au dernier des malheurs, celui de perdre votre confiance avec votre eftime ; mais fi ma juftification vous perfuade, ne deviendra-t-elle pas pour moi un nouveau droit à votre attachement, comme votre témoignage devient pour vous un nouveau titre à mon amour.

Salut, Fraternité, Amitié.

D U P R A T.

***

Il n'eft pas hors de propos, pour éclairer l'opinion publique, que je faffe une obfervation importante fur cette lettre ; Severac, après avoir inutilement cherché à obtenir d'un membre du Comité révolutionnaire de Montauban la permiffion de voir Braffac, ayant confulté la citoyenne Jean-Bon-Saint-André fur les moyens de communiquer avec Braffac, & celle-ci lui ayant répondu que cette démarche la furprenait de la part d'un homme qui fe difait patriote, & qu'elle la furprenait d'autant plus qu'on avait trouvé fur Braffac des fignes de ralliement des rébelles de la Vendée ; Severac fortit fon porte-feuille, en tira de ces mêmes fignes, dit qu'ils n'étaient pas des marques des rébelles de la Vendée, & qu'il les tenait de la Marquife Braffac pour fervir de pièces de comparaifon avec les fignes femblables trouvés fur fon fils ; fur quoi la citoyenne Jean-Bon-Saint-André lui réitéra plus vivement fa furprife & l'engagea à renoncer à fon projet ; mais loin de fuivre ce confeil, loin d'écouter la voix du membre du Comité de furveillance, Severac eut l'adreffe, dirai-je, ou l'audace de pénétrer jufques dans la prifon de Braffac, avec lequel il eut, au moins, une conférence ; tant il eft vrai que, quand il s'agiffait d'arriver aux Comtes, il n'était nulle barrière qui ne pût être rompue : maintenant je dis, ou les fignes dont Severac s'était chargé étaient ceux des rébelles de la Vendée, & alors ils étaient contre-révolu-

tionnaires ; ils exiſtent ces ſignes trouvés ſur Braſſac, ils exiſtent dans les mains d'hommes qui ont toutes les lumières néceſſaires pour les juger, & qui, s'ils les comparent avec ceux que Severac pourra leur remettre, les compareront auſſi avec ceux qui ont été trouvés ſur les rébelles mêmes de l'horrible Vendée : ou ces ſignes n'étaient, comme le dit Severac, que des monumens antiques de ſuperſtition, & alors le tendre intérêt de Severac, pour Braſſac, peut ſeul expliquer ſon empreſſement à donner la véritable ſignification de ces ſignes, & à prévenir ou à détruire les fauſſes interprétations qu'on aurait pu leur donner ; mais dans tous les cas ils venaient d'une femme ariſtocrate, pour ſervir à la défenſe d'un ariſto-crate ; cela ſeul, je le demande, ne les rendaient-ils pas ſuſpeɛts, quelle que fût d'ailleurs leur ſignification ? cela ſeul, je le demande, n'aurait-il pas dû les éloigner du porte-feuille d'un patriote ? cela ſeul, je le demande, n'aurait-il pas dû empêcher un patriote d'en être le porteur & l'apologiſte ? & par quelle vue patriotique une telle conduite pourra-t-elle être juſtifiée ? par l'humanité, a répondu Severac à la Société populaire, par l'humanité, qui eſt le fond de ſon caraɛtère, & qui ne lui permit pas de refuſer à la Braſſac, enceinte, ſa demande...... L'humanité engage donc Severac à s'intéreſſer vivement à un homme ſoupçonné d'émigration, de complicité avec les rébelles de la Vendée, d'avoir été un des Chevaliers du poignard, reconnu pour ariſtocrate prononcé par ſes Con-citoyens ; certes, il faut convenir que l'humanité pour les ariſtocrates eſt innée dans la famille Severac, puiſque ſon frère accompagna le même Braſſac à Paris pour l'aider à ſe procurer ſes certificats de réſidence ; ſi les deux frères firent, comme il y a toute apparence, ces deux voyages à leurs dépens, leur humanité eſt accompagnée chez eux de ſon plus beau, de ſon plus touchant caraɛtère, le déſintéreſſement, car ni l'un ni l'autre ne ſont riches, & l'on ſait qu'il en coûte pour voya-ger, du moins ſans le ſecours des ci-devant Comtes ....
Et cette même humanité de Severac, ſi tendre, ſi déſintéreſſée

& fi prononcée pour les ariftocrates, cette même humanité qui ne peut pas réfifter à la voix touchante d'une jeune & belle ariftocrate enceinte, cette même humanité qui annonce un caractère fi doux, fi compatiffant, fi porté à la clémence, lui fit demander, en préfence du Repréfentant du peuple Bô, non-feulement que la terreur fût à l'ordre du jour, mais encore que la Convention nationale fût invitée à détruire toute une Ville & tout un Canton où ce Repréfentant avait été affaffiné, malgré que les auteurs de l'affaffinat euffent été punis ; propofition de Severac que je ne veux pas attribuer à des intentions coupables, mais que je cite comme preuve que fon humanité n'eft pas auffi étendue qu'on pourrait le préfumer, & comme indice du genre d'objets de prédilection fur lefquels elle fe plaît particulièrement à fe déployer.... Et cette même humanité le rend inexorable pour les patriotes ; & cette même humanité lui fait accufer un homme qui n'a jamais dévié de la route du patriotifme, un homme qui, à l'époque du 31 Mai & jours fuivans prévenait l'erreur chez fes frères de Montauban, par le récit impartial de ces journées mémorables dont il avait été le témoin, dans le même temps que lui, Severac, outrageait audacieufement la Montagne de la Convention à la Société populaire de Gaillac, où, miffionnaire fédéralifte, il provoquait des mefures défaftreufes pour la chofe publique.... Et cette même humanité...... Je m'arrête ; je fuis accufé, le temps viendra où je changerai peut-être avec fuccès de rôle contre mon accufateur, & où on mettra en queftion, je ne dis pas fi Severac a juftifié, mais s'il eft poffible même qu'il juftifie fa conduite à l'égard de Braffac.

Je termine par le tableau fuccint de ma vie politique, depuis la révolution ; tableau qui ne confiftera pas en mots mais en chofes ; les paroles peuvent éblouir & furprendre un inftant, les faits éclairent & perfuadent toujours.

Depuis le commencement de 89 jufques vers la fin de quatre-vingt-douze j'ai demeuré à Bergerac en qualité de miniftre proteftant ; les difcours que j'y ai prononcés fous ce rapport font dans mon bureau ; je me propofe d'en donner inceffamment quelques-uns au public, peut-être ne les trouvera-t-il pas indignes d'une plume républicaine.

Mes difcours ou actions & facrifices civiques exiftent dans les regiftres foit de la Société populaire, foit de la Municipalité ; la preuve matérielle de ma conduite fe trouve dans le certificat de civifme ci-après, dont j'ai l'original en mes mains, ainfi que ceux des autres pièces que je citerai.

Nous, Maire & Officiers municipaux de la Commune de Bergerac, Diftrict de Bergerac, Département de la Dordogne, certifions que le Citoyen Pierre-Antoine Duprat, pendant tout le temps qu'il a féjourné dans cette ville, y a donné les preuves les plus conftantes de civifme & de dévouement pour le maintien & la profpérité de la République. En foi de quoi nous lui avons donné le préfent certificat. A Bergerac dans la Maifon Commune, le quinze Décembre mil fept cent quatre-vingt-douze, l'an premier de la République Françaife.

Suivent les fignatures & le fceau.

Vu par nous Adminiftrateurs compofant le Directoire du Diftrict de Bergerac, le feize Décembre mil fept cent quatre-vingt douze, l'an premier de la République Françaife.

Suivent les fignatures & le fceau.

Depuis la fin de quatre-vingt-douze jufques vers la fin de quatre-vingt-treize, j'ai demeuré à Montauban en la même qualité qu'à Bergerac, c'eft l'année la plus marquante de la révolution, c'eft auffi celle où je me fuis le plus prononcé ; les difcours que j'y ai prononcés comme miniftre je les poffede, & j'ai déjà dit l'ufage que je me propofais d'en faire.

Mes difcours ou actions & facrifices civiques exiftent fur les regiftres de la Société populaire & de la Municipalité; j'ajoute, quant aux facrifices, que ceux que je fis cette année s'élèvent à plus de douze cents livres, dont je poffede les preuves matérielles & authentiques; le traitement que je recevais comme miniftre, & qui était toute ma fortune, ne s'élèvait pas au-deffus de cette fomme; mais j'avais fait quelques économies, je me trouvai heureux d'en faire cet ufage; les preuves matérielles de ma conduite fe trouvent dans la lettre de la Société déjà citée, & qui me difpenfe de citer fes diplomes; dans le certificat de civifme, la lettre & l'atteftation ci-après de la Municipalité.

CERTIFICAT DE CIVISME.

Nous, Maire & Officiers municipaux, certifions que le Confeil général de la Commune de Montauban a déclaré, par fa délibération du vingt courant, à l'unanimité, que le Citoyen Pierre-Antoine Duprat profeffe les vertus civiques: En foi de quoi nous lui avons délivré le préfent.

A Montauban, le 20 Mai 1793, l'an fecond de la République, une & indivifible.

Suivent les fignatures & le fceau.

Vifé au Comité de furveillance, le 16 Octobre 1793, l'an fecond de la République, une & indivifible.

Suivent les fignatures & le fceau.

Montauban, le 24 Prairial, deuxième année républicaine.

LA MUNICIPALITÉ DE MONTAUBAN,

Au Citoyen DUPRAT, à Caftres.

Nous te remettons ci-joint, Citoyen, le certificat que tu

nous demandes par ta lettre; c’eſt avec autant plus de plaiſir, que nous te l’accordons, que nous ne faiſons que rendre hommage à la vérité.

Suivent les ſignatures.

Nous, Maire & Officiers Municipaux de la Commune de Montauban, certifions & atteſtons à tous ceux qu’il appartiendra, que le Citoyen Pierre-Antoine Duprat, habitant actuellement la Commune de Caſtres, Département du Tarn, a habité pendant pluſieurs mois de l’année 1793 (vieux ſtyle) cette Commune, qu’il s’y eſt toujours conduit en homme d’honneur & de probité, & qu’il a donné des preuves non-équivoques de toutes les vertus ſociales, civiques & morales, qui doivent diſtinguer un bon républicain. En foi de quoi, à Montauban le 24 Prairial, ſeconde année républicaine.

Suivent les ſignatures & les ſceaux.

Viſé par nous Adminiſtrateurs du Diſtrict, à Montauban le 24 Prairial, ſeconde année républicaine.

Suivent les ſignatures & les ſceaux.

Depuis la fin de 1793, juſqu’à ce jour, j’ai demeuré à Caſtres, où j’ai été ſucceſſivement membre du Comité révolutionnaire du Département du Tarn, établi par le Repréſentant du peuple Baudot, & membre de celui de ſurveillance de la Commune, établi par le Repréſentant Paganel; mes diſcours, ou actions & ſacrifices civiques exiſtent dans les regiſtres de la Société populaire & de la Municipalité. Je n’ai dans ce moment d’autre fortune que celle de ma femme, dont le maximum s’élève à mille livres de revenu; les preuves matérielles de ma conduite ſe trouvent dans le certificat de civiſme, atteſtation & carte d’hoſpitalité de la Municipalité, & dans les diplomes de la Société populaire ci-après.

CERTIFICAT DE CIVISME.

Nous Maire, Officiers municipaux & Notables de la Commune de Caſtres, chef-lieu du Département du Tarn , certifions à qui il appartiendra , que le Conſeil général de la Commune, par ſa délibération du dix-huit du courant , a accordé un certificat de civiſme au Citoyen Pierre-Antoine Duprat, domicilié dans la Commune de Caſtres, âgé de 31 ans, taille de cinq pieds un pouce, cheveux & ſourcils châtains, yeux bleus, nez aquilain, bouche petite, menton pointu, front grand, viſage ovale, après avoir ſubi les trois jours d'affiche exigés par la loi, & avoir exhibé la quittance de la contribution mobiliaire de l'année 1792. En foi de quoi avons délivré le préſent. A Caſtres le 25 Ventôſe, l'an ſecond de la république Françaiſe, une & indiviſible.

Suivent les ſignatures & le ſceau.

Viſa du Diſtrict.

Vu & vérifié par Nous Adminiſtrateurs du Diſtrict de Caſtres, Département du Tarn, le vingt-neuf Ventôſe, l'an deux de la république, une & indiviſible.

Suivent les ſignatures & le ſceau.

Viſa du Comité de ſurveillance révolutionnaire.

Vu par Nous membres du Comité de ſurveillance révolutionnaire de la Commune de Caſtres, le vingt-neuf Ventôſe, l'an ſecond de la république Françaiſe, une & indiviſible.

Suivent les ſignatures & le ſceau.

Nous, Maire & Officiers municipaux de la Commune de

Caſtres, Département du Tarn, fouſſignés, certifions &
atteſtons que le Citoyen Pierre-Antoine Duprat , habitant
de cette Commune, s'y eſt toujours conduit en homme d'honneur & de probité, & qu'il a donné dans tous les temps des
preuves non-équivoques de toutes les vertus ſociales, civiques
& morales, qui doivent diſtinguer un républicain. En foi de
quoi lui avons délivré le préſent. A Caſtres, le vingt-deux
Prairial, l'an ſecond de la république Françaiſe, une & indiviſible & triomphante.

Suivent les ſignatures & le ſceau.

Nous Adminiſtrateurs du Directoire du Diſtrict de Caſtres,
Département du Tarn , certifions & atteſtons que les
ſignatures appoſées au certificat en l'autre part , ſont celles
des Officiers municipaux de la Commune de Caſtres, & que
foi doit y être ajoutée, en témoin de quoi nous avons délivré le préſent. A Caſtres, le vingt-quatre Prairial, l'an
deuxième de la république Françaiſe, une & indiviſible.

Suivent les ſignatures & le ſceau.

Au nom de la République Françaiſe.

CARTE D'HOSPITALITÉ.

La Municipalité de Caſtres, conſidérant que le Citoyen
Pierre-Antoine Duprat , Suiſſe d'origine, domicilié en
France depuis mil ſept cent quatre-vingt-ſept, (vieux ſtyle)
marié avec une Françaiſe de cette cité, s'eſt rendu à l'aſſem-
blée du conſeil général de la Commune, dans la huitaine qui
a ſuivi la publication de la Loi du 6 Septembre 1793 , con-
tenant des meſures de ſûreté, relative aux étrangers qui ſe
trouvent en France, pour remplir les conditions de ladite
Loi ;

Que ce Citoyen y a préfenté les certificats de civifme, qui lui ont été délivrés par les confeils généraux des Communes de Bergerac & Montauban, ainfi que les diplomes des Sociétés populaires defdites Communes, & autres pièces juftificatives de fon civifme;

Confidérant que depuis fon féjour dans cette cité, le Citoyen Duprat s'eft toujours diftingué par fon patriotifme & par fon zèle ardent pour le fuccès de la révolution, qu'il a fingulièrement contribué à rehauffer l'efprit public dans cette Commune, où il a conftamment encouragé les patriotes & pourfuivi les ariftocrates & les malveillans;

Ouï l'Agent national,

ARRÊTE à l'unanimité que le Citoyen Pierre-Antoine Duprat eft admis par la république Françaife au bienfait accordé par la Loi aux étrangers, dont le civifme eft reconnu, & que le préfent arrêté lui fervira de carte d'hofpitalité. Délibéré dans la maifon Commune le cinq Pluviôfe, l'an fecond de la république Françaife, une & indivifible.

Suivent les fignatures & le fceau.

Je fouffigné Juge au Tribunal du Diftrict de Caftres, Département du Tarn, à défaut du Préfident, certifie à qui il appartiendra, que les fignatures appofées à la carte d'hofpitalité ci-deffus, & de l'autre part écrite, font les vraies fignatures des Maire, Officiers municipaux & Agent national de la Municipalité dudit Caftres. En foi de quoi j'ai octroyé les préfentes, contrefignées par le Greffier du Tribunal. A Caftres le vingt-deux Prairial, l'an fecond de la républfque Françaife, une & indivifible.

Suivent les fignatures & le fceau.

Vu & légalifé par nous Adminiftrateurs du Directoire du Diftrict de Caftres, le vingt-quatre Prairial, l'an deuxième de la république Françaife, une & indivifible.

Suivent les fignatures & le fceau.

République Françaife, une & indivifible.

Nous, Préfident & Secrétaires de la Société populaire
de Caftres, Département du Tarn, atteftons à toutes les
Sociétés populaires de la République, que le Citoyen Pierre-
Antoine Duprat, membre de cette Société, eft patriote de
quatre-vingt-neuf, qu'il a conftamment marché dans le fens
de la révolution, qu'il a donné dans tous les temps & dans
les circonftances les plus critiques & les plus périlleufes, les
preuves les plus énergiques de fon entier dévouement à la
République, une & indivifible, à la Convention nationale, &
de l'adhéfion la plus formelle aux journées mémorables du 31
Mai, premier & 2 Juin, qui ont fauvé la République & la
Liberté. En conféquence nous invitons toutes les Sociétés
populaires de lui faire l'accueil le plus fraternel, comme nous
le ferions aux membres de ces Sociétés, qui fe préfenteront
à nous munis d'un pareil certificat.

Lu & délibéré en la féance publique du 15 du mois de l'an
fecond de la République Françaife, une & indivifible.

Suivent les fignatures & le fceau.

DIPLOME.

---

*Société populaire de CASTRES, chef-lieu du Département
du Tarn, affiliée à celle des Jacobins de Paris.*

Nous membres compofant la Société populaire de Caftres,
atteftons en hommes libres, que le Citoyen Pierre-Antoine
Duprat, domicilié à Caftres, âgé de trente-un ans, taille de
cinq pieds deux pouces, cheveux & fourcils châtains, yeux
bleus, nez ordinaire, bouche petite, menton pointu, front
carré, vifage long, eft membre de notre Société, réépurée

le cinquième jour de Floréal de l'an second de l'ère républicaine, sous le rapport politique & moral ; qu'il a été trouvé
pur au cruset du patriotisme & de la vertu , & qu'à ce double
titre il mérite d'être regardé & accueilli comme frère & comme
ami par tous les véritables Républicains.

Délivré à Castres, le 24 Prairial , l'an second de la République Française , une & indivisible.

Suivent les signatures & le sceau.

En est-ce assez pour prouver que je suis bon Républicain ?
Eh ! comment ne le ferais-je pas, *qui suis-je ?* le fils d'un
homme qui a constamment mis en pratique les vertus ré-
publicaines , le fils d'un simple cultivateur, du patrimoine
qu'il reçut de ses pères : *d'où suis-je ?* de cette terre heu-
reuse où les enfans sucent avec le lait l'amour de la Liberté ,
& où les premiers mots qu'ils begayent font ceux de Patrie
& de République ; *où suis-je ?* dans une République naif-
sante , la seule peut être véritablement digne de ce nom ; dans
une République qui, en même-temps m'appelle à l'honorable
droit de Citoyen, & brise le glaive ensanglanté du fanatisme
suspendu sur la tête des ministres protestans, par la main de
la barbare tyrannie ; dans une République à laquelle je suis
attaché par les liens les plus doux au cœur de l'homme ,
& les plus puissans pour un bon Citoyen ; je ne démentirai
point mon origine ; je ne démériterai point de la Patrie
adoptive avec laquelle jai identifié mon existence.

Enfin , je les possede ces omissions faites dans la rédaction du procès-verbal du 24, avec les nouveaux faits qu'on
me cote depuis cette époque ; je vais en peu de mots en
relever les erreurs & omissions : lecteur ayez sous les yeux le
rapport de la commission nommée le 28 Fructidor.

I. Ce n'eſt pas ſeulement pour avoir prononcé le mot de bougre que je demandai qu'Affignes fût rappellé à l'ordre, mais pour avoir fait un geſte menaçant, & avec le ton de la fureur contre le dénonciateur de Ducru ; s'il ne méritait pas d'y être rappellé, je conviens que j'ignore ce que c'eſt qu'ordre ou déſordre dans une ſociété populaire.

L'événement n'a que trop prouvé combien j'étais fondé à demander ce rappel à l'ordre, puiſqu'un autre ſociétaire, juſqu'ici ignoré de la ſociété, & qui vient d'y jouer un des premiers rôles contre moi, puiſque Vaffan, enhardi ſans doute par l'impunité d'Affignes, ſe permit enſuite dans une ſéance, de provoquer avec le ton de la fureur Grach, à ſortir avec lui, parce qu'il demandait avec étonnement ce qu'était Vaffan ? Grach fut auffi ſage que Vaffan fut audacieux ; mais la queſtion de Grach n'a pas été perdue, & on pourra peut-être dans peu lui fournir les réponſes.

Du reſte je rendis juſtice aux idées d'Affignes, & je dis qu'elles m'avaient quelquefois fait d'autant plus de plaiſir, que la nature ſeule les lui dictoit ; mais que tout comme je ſavais lui rendre juſtice, & l'applandir quand il parlait principes, je ſavais auffi l'improuver lorſqu'il s'en écartait ſi étrangement : je ne ſuis pas flatteur, je l'ai déjà dit, je ſuis d'une franchiſe trop auſtère peut-être pour des hommes qui ne font que ſe régénérer ; mais j'aime mieux être la victime généreuſe de ma ſincérité, que le vil eſclave de la diffimulation.

D'ailleurs je n'ai jamais traité ni avec arrogance, ni avec mépris aucun ſanculotte, je défie Affignes d'en fournir une ſeule preuve ; mais il eſt vrai que je ne fais pas, vis-à-vis de mes frères, ce que font certaines perſonnes, qui ſaluent l'un, touchent affectueuſement la main à l'autre, font un ſourrire gracieux à celui-ci, diſent une choſe agréable à celui-là, flattent tout le monde, & font paraître au-dehors une popularité, une familiarité que d'autres portent dans le fond du cœur ; chacun a ſon caractère, chacun a ſa manière de refpecter la dignité de la nature humaine, la mienne confifte à ne jamais flatter qui que ce foit.

II. Je ne répondis pas à Severac, que quoique fans talens, il parloit fouvent fans être interrompu; mais je lui dis que malgré qu'il n'eût pas autant de lumières & d'éloquence que tel autre, il parlait plus que perfonne, & qu'il devenait ainfi la preuve que je ne voulais pas interdire la parole à ceux qui n'avaient pas autant de moyens que tel autre.

Et certes lorfque la nature n'a donné à un homme que des talens ordinaires, & que l'éducation n'a pas aidé la nature, il eft permis, je crois fans injuftice, de dire de cet homme, quand il parle toujours, ce que j'en dis au moment où il dénaturait le rappel à l'ordre demandé à l'égard d'Affignes.

III. Il eft vrai que Severac, au fortir de la Société, m'accufant de domination, je lui répondis, nous verrons qui font les véritables dominateurs, celui qui a pourfuivi les Ginefte & les Fabre, qui dominaient la Société, ou celui qui les a défendus, lors même qu'ils étaient déjà à moitié enfevelis dans la tombe de l'indignation publique. Severac fe garda bien de dire à la Société, tandis que j'y étais, qu il n'avait jamais été le partifan de Fabre & de Ginefte; il favait bien que cette impofture aurait été trop groffière & trop facile à détruire, fi Severac n'a pas été *le partifan*, *l'ami intime*, *le défenfeur ardent* de ces deux hommes, il faut donc rayer ces mots de notre langue, ou en changer la fignification; j'en appelle aux difcuffions qui eurent lieu à l'époque de leur réjection, ainfi qu'au Repréfentant du peuple Bô, qui en fut le témoin.

IV. Ici je ne veux relever ni erreur ni omiffion, mais une calomnie; il n'eft pas vrai que j'aie jamais agi violemment contre aucun reclu; mais il eft vrai que j'ai agi rigidement

D

d'après les principes & les Décrets ; il n'eft pas vrai que j'aie jetté de la défaveur fur mes collègues du Comité révolurionnaire, en les accufant d'une rigueur exceffive ; je n'ai jamais dit un mot qui pût compromettre mes collègues en faifant connaître leur opinion : je défie Severac de prouver que ce qu'il avance ici n'eft pas une calomnie ; il eft vrai que j'ai été le premier à embraffer certains reclus, après leur jugement, quoique j'euffe voté pour leur réclufion, parce que, forcé par les Lois de les reclure, j'avais la conviction intime qu'ils avaient été égarés, plutôt que coupables, & que je fus le premier & le plus ardent à manifefter mon opinion aux Repréfentans du peuple qui les jugerent ; j'invoque leur témoignage qu'ils ne me refuferont pas s'il m'eft néceffaire.

V. Ici je releve, 1°. la calomnie d'Affignes, qui dit que j'ai pleuré à la mort de Robefpierre, je déclare que le fait eft faux, & que je ne fuis pas de ceux qui pleurent facilement ; je releve enfuite l'inexactitude de la réponfe que l'on me fait faire à ce reproche ; je répondis en difant, qu'étant encore dans mon lit, mon ami Grach vint m'apprendre que Robefpierre, Couthon & Saint-Juft avaient été guillotinés, qu'il ne favait autre chofe, mais qu'il l'avait ouï dire ; je crus au premier moment qu'il y avait eu un mouvement contre-révolutionnaire à Paris, & je manifeftai à Grach la douleur la plus vive ; je fais chercher les nouvelles, nous y lifons que Robefpierre & fes complices étaient des traîtres ; j'étais Préfident de la Société populaire, auffitôt je la convoque extraordinairement, j'y parle avec l'énergie de l'indignation contre les trois fcélérats ; je fais faire la lecture des nouvelles, elle eft interrompue par une lettre de la Société populaire de Saint-Pons, qui, allarmée & incertaine, demandait d'être fixée ; je prends la plume, je rédige la lettre, la foumets à la Société qui l'adopte ; elle exifte, & elle peut fervir de preuve aux fentimens dont j'étais animé ; le lecteur eft fatigué, je le remplace,

& après la fin de la lecture, je provoque une adresse à la Convention, pour la féliciter sur son courage & sur sa justice, &c. l'adresse est délibérée, deux jours se passent sans qu'elle soit rédigée, un sociétaire me demande de le faire, je lui donne la rédaction même de celle du Comité que j'avais faite, & elle est adoptée à la Société ; voilà qu'elle fût ma conduite à la nouvelle du supplice du triumvirat ; je défie l'astuce la plus consommée d'y trouver un fait qui ne caractérise le plus pur, le plus ardent amour de la Patrie, & l'homme le plus prononcé contre les hommes odieux, qui avaient si criminellement trompé la confiance publique.

VI. Quant à mon ami Kœnig, si hardiment calomnié par Affignes, je provoque sur son compte le jugement des Sociétés populaires de Clairac, Lafite, Tonneins & une foule d'autres dont il possède les témoignages les plus honorables ; & puisqu'on me force à le faire, je rends publique la lettre du Représentant Paganel, adressée à cet ami & laissée entre mes mains, parce qu'elle renferme un article qui me regarde ; ce Représentant ne m'en saura pas mauvais gré, car il aime la justice & sera charmé d'avoir contribué à la rendre publiquement lorsque la calomnie est publique.

Paris, le 11e. Meſſidor, l'an ſecond de la République Françaiſe, une & indiviſible.

PAGANEL, Repréſentant du Peuple au Citoyen *Kœnig.*

Tu as éprouvé, Citoyen, les inquiétudes que la révolution réserve aux contre-révolutionnaires ou hommes suspects, toi qui as porté parmi nous le caractère & l'esprit républicain. S'il falloit provoquer une mesure partielle qui te mit à l'abri de l'arrêté de Moneſtier, je le ferois sur la simple lettre que tu m'as écrite. Je m'honorerois même de venir au fecours d'un Suiffe, digne par fes principes de la nation chez laquelle il a porté fes talens. Oui, tu es notre frère comme républicain, & notre ami comme Suiffe, un philofophe n'a pas été prêtre.

Il n'exifte plus que deux claffes, les bons & les mauvais citoyens. Ceux qui rappellent par des mefures générales l'antique exiftence des caftes & des ordres, ne font ni politiques ni juftes. Ils font bien loin de fe modéler fur la Convention & fur le Comité de falut public.

Mon collègue Moneftier n'a pas tardé à fentir cette vérité. Il a ramené fon arrêté aux principes. De plus, le Comité de falut public, fur une réclamation & celle de Bouffion, a écrit une circulaire aux Agens nationaux, pour reftreindre aux feuls fanatiques l'exécution de l'arrêté qui t'a caufé de l'inquiétude. Ceffe d'en avoir. Tu n'es pas étranger, & tu fers la Nation à laquelle tu t'es affocié. Si tu veux mettre le comble à ta tranquillité, fais une pétition au Comité de falut public, pour être mis en réquifition, à raifon de l'état que tu profeffes, & fais la moi paffer avec toutes les atteftations de tes fervices & de ton civifme. Mais tu n'en a pas befoin. N'ayant que peu de temps pour écrire, & beaucoup d'affaires à traiter, je dirai ici un mot à notre ami Duprat.

Pourquoi crains tu, Duprat, que parles tu de Suiffe & de paffe-port. N'es tu pas marié avec une Françaife, n'es tu pas Fonctionnaire public? Attaque-t-on ton patriotifme? Doute-t-on des fervices que tu as rendus à la révolution? Jufques-là fois tranquille; & fi les chofes en venoient là que tu fuffes chicané, compte fur moi. Mon témoignage fera, j'efpère, entendu.

Saint André eft arrivé hier, je lui ai parlé de toi & de ton inquiétude. C'eft encore une de ces précipitations que je t'ai reprochées. Toi Suiſſe, tu vas vite comme un Français de l'ancien régime. Adieu, tourne tes regards vers la Convention, ſaiſis-toi de l'eſprit qui la dirige, & ſers t'en pour éclairer tes Concitoyens & modérer, ſans modérantiſme, l'impétuoſité des motionnaires qui tourmentent les Sociétés populaires. Celle de Caſtres n'eſt plus la même, elle s'eſt défaite du mauvais génie qui y empoiſonnoit le bon eſprit du peuple. Adieu, mon cher Duprat, rappelle moi au ſouvenir des patriotes. Dis tout haut qu'il m'eſt impoſſible de répondre à tout le monle, mais que je fais de bon cœur tout ce qu'on me demande & qui ſe concilie avec l'intérêt général. Je t'embraſſe.

PAGANEL.

VII. Quant à l'inculpation de Lebrun, je le dis l'ame indignée & navrée de la perverſité humaine, elle eſt le comble, le dernier dégré où cette perverſité puiſſe être portée : Quoi ! Lebrun, tu me fais un crime d'un propos tenu en préſence de pluſieurs témoins, avec l'air, le ton, l'accent de la plaiſanterie de ma part, & reçu de même de la tienne ; mais penſe Lebrun, que ce propos eſt le comble du ridicule de la bouche de tout autre que d'un inſenſé. Quel eſt l'homme auquel tu prétendras perſuader que j'ai voulu ſérieuſement te faire déclarer ſuſpect pour l'emplacement d'un monument, dans un lieu plutôt que dans un autre ? Auſſi ne répondis-tu rien lorſque je donnai cette explication à la Société populaire : Ton ſilence fut l'aveu de ta perfidie ; je voudrais me tromper, & croire que la paſſion ou l'irréflexion furent la cauſe de cet oubli étrange de la bonne foi.

VIII. Quant à la citoyenne Sudre, voici le fait dans toute ſa pureté : cette citoyenne vint me demander au Comité, un jour où j'étais extraordinairement occupé d'affaires publiques, elle me demandait mon avis ſur les dématches qu'elle fe propofait de faire auprès du Repréfentant Dartigoyte, pour obtenir la réclufion de fa mère chez elle ; préoccupé comme je l'étais, je crus qu'elle demandait que le Comité donnât fon avis pour ce changement de réclufion, je lui répondis, non pas avec hauteur car je n'en eut jamais, mais avec cette vivacité que ceux qui ne me connaiffent pas prennent pour de l'orgueil ; je lui répondis que je ne penfais pas que ce fût l'avis du Comité, que ce n'était pas le mien, que je m'y oppoferais ; elle infifta, je perfifte ; en s'en allant, elle me dit, tu me la payeras ; je lui réponds que ce propos menaçant était capable de la rendre fufpecte & elle s'en fut. Après la féance un de mes amis m'explique ce que voulait la citoyenne Sudre ; fâché de m'être mépris, je fus avec empreffement auprès d'elle, je lui témoignai mon regret de ne l'avoir pas comprife, & je lui donnai mon avis comme Citoyen & non comme membre du Comité. La citoyenne Sudre eft fille d'un ci-devant noble émigré, fœur d'émigré, elle a fa mère en réclufion, & ne la évitée elle-même, que parce que, réputée long-temps hydropique, elle s'eft unie enfuite à un nom noble qui avait caufé l'heureufe hydropifie, dont elle s'était délivrée par d'heureufes couches. Cette Citoyenne eft jeune & jolie, par conféquent peu accoutu mée aux ref s, le mien la piqua.

IX. Quant à l'inculpation de Rodière j'y ai répondu dans le corps de l'adreffe dénonciative de la Société : je me contenterai de dire ici que ce Citoyen fut le plus chaud & le plus conftant défenfeur de Ginefte & de Fabre ; qu'il prétendait entr'autres qu'on pouvait *gracier* ce dernier des faits contre-révolutionnaires dont il eft accufé, à raifon de ce qu'il avait fait depuis l'époque du 31 Mai, & qu'il ne fallut rien moins que ma fermeté & la logique de mes argumens, pour faire taire les miférables fophifmes, au moyen defquels il voulait empêcher la chûte de cet ami ; j'en appelle encore au témoignage du Repréfentant du peuple Bó, qui s'indigna

de l'acharnement de Rodière, à défendre la caufe de l'arif-
tocratie la plus caractérifée.

X. Je n'ai jamais menacé d'écrire aux Repréfentans ni à
la Convention ; mais j'ai dit, ce que je dirai encore, c'eft
que fi j'étais la victime de l'intrigue ou de l'erreur, je
m'adrefferais, & aux Repréfentans qui me connaiffent, &
à la Convention, de laquelle je ne crains pas d'être connu ;
c'eft ce que je dis, & c'eft ce que j'ai fait.

Il eft bon d'obferver que dans les dénominations données
aux votans contre moi, on a eu foin d'en rendre quelques-
unes fi vagues, qu'il eft impoffible à tout Citoyen qui n'eft
pas de Caftres de favoir qu'elle eft la qualité du votant ; par
exemple, pour les commis au Département, on a mis fim-
plement *au Département*, comme fi on avait voulu laiffer
croire que c'étaient des Adminiftrateurs, & que leur fuffrage
était d'un plus grand poids, ou que celui des commis eft
d'un poids moindre ; tandis que dans les votans pour moi on
n'a jamais mis aucune qualité, malgré que précifément les
Adminiftrateurs, & du Département & du Diftrict qui voterent
foient de ce nombre, à l'exception d'un feul que je me fais
un devoir de citer, *Périllé*, Adminiftrateur du Diftrict ; je
ne dirai pas non-plus que Severac, mon dénonciateur, ainfi
que fes deux frères ont voté contre moi.

Je ne parlerai pas non-plus d'un événement qui eut lieu
le matin même du jour où ma rejection fut propofée ; je
ne dirai pas que dans la maifon qu'habite le Citoyen Rodière,
Subftitut de l'Agent National de la Commune, il y eut un
raffemblement de 64 Citoyens au moins, dont le but,
à ce qu'ils ont dit, était la foufcription d'un repas fraternel : mais je ferai obferver, d'un côté, que jufques à
cette époque ces fortes de foufcriptions s'annonçaient & fe
faifaient en pleine Société populaire ; d'un autre côté, que
la très-grande majorité de ceux qui avaient foufcrit ont voté
contre moi ; j'obferverai enfin, que ce raffemblement était fi

peu naturel, que le Comité révolutionnaire en conçut de l'inquiétude pour la tranquillité publique, & que ce fut une des grandes raisons qui déterminerent son adresse, après que la Municipalité eut elle-même constaté le rassemblement: Cette circonstance, qui fournit un rapprochement frappant avec mon exclusion pourrait l'expliquer en partie, mais je ne veux pas en faire usage, je crois en avoir dit assez pour n'en avoir pas besoin, Je passerai aussi sous silence l'omission dans la liste des votans pour moi, du vote du Citoyen Delthil.

D U P R A T.

A C A S T R E S,

De l'Imprimerie du Citoyen AUGER, l'an troisième de la république Française.

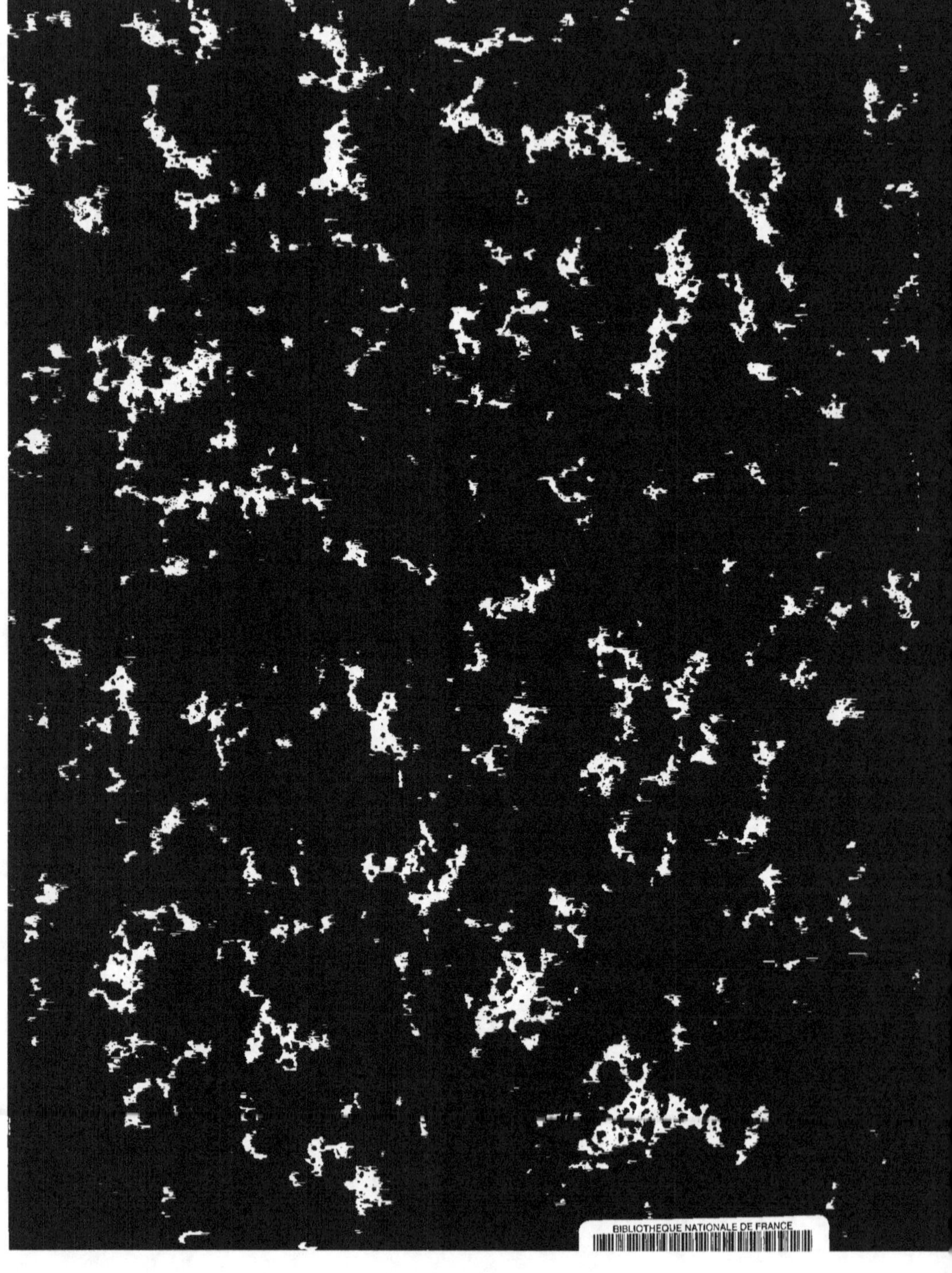